AF250480

Évariste Carrance

M. THIERS

CHEF DU POUVOIR EXÉCUTIF

DE LA

RÉPUBLIQUE FRANÇAISE

BIOGRAPHIE

et

PHOTOGRAPHIE

BORDEAUX

CHEZ L'ÉDITEUR, 219, RUE MALBEC

1871

« Il y a des ennemis qui disent que nous nous préparons à renverser la République. Je leur donne un démenti formel. Ils mentent à la France ; ils veulent la troubler et l'agiter en tenant un pareil langage.

» Nous avons trouvé la République comme un fait dont nous ne sommes pas les auteurs ; *mais e ne détruirai pas la forme du gouvernement* dont je me sers maintenant pour rétablir l'ordre. »

(Discours de M. Thiers, à l'Assemblée
Nationale, le 27 mars 1871.)

Louis-Adolphe THIERS

Chef du Pouvoir exécutif de la République Française.

Louis-Adolphe THIERS

CHEF DU POUVOIR EXÉCUTIF DE LA
RÉPUBLIQUE FRANÇAISE

I

Au milieu de la crise douloureuse que nous traversons, au milieu des douleurs de la patrie, nous apercevons un avenir rayonnant.

La France est ce vaisseau ballotté par une mer orageuse, dont l'équipage entrevoit à travers la tempête, briller le phare du salut.

Pauvre France, un pilote coupable a failli l'anéantir. Ah! la mer était calme et le ciel serein; les matelots bercés mollement dans leurs hamacs de soie, oubliaient leurs travaux et leurs devoirs.

On avait perdu l'énergie et le courage, on croyait à l'éternité de ce bonheur apparent.

Tout à coup un cri terrible retentit... le tumulte est à son comble, les matelots se dressent éperdus.

D'où vient ce bruit? Les vagues courent sur le navire, les nuages noirs courent sur le ciel... et la tempête se déchaîne avec violence.

Qui donc aurait cru cela?

Nous dormions sur un volcan, et ce volcan vomit sur nous la flamme et la fumée... le rêve est devenu cauchemar, la mer si calme s'est transformée en abîme et menace de nous engloutir.

Équipage, pourquoi t'endormais-tu?

Et maintenant à l'œuvre, il faut sauver le navire.

Il faut traverser les passages sinistres et dangereux et jeter l'infâme pilote à la mer.

Ceci, c'est l'Histoire de l'Empire.

II

Le 4 septembre 1870, au lendemain du désastre de Sédan, l'Empire n'existait plus.

Le gouvernement de la Défense Nationale s'établissait, et les Prussiens arrivaient à marches forcées sur Paris.

Le 17 septembre, la capitale du monde était investie.

L'Histoire jugera plus tard les actes de ces hommes, qui ont voulu régénérer le pays.

Elle dira leurs efforts et leur courage, elle blâmera peut-être leur faiblesse, mais elle rendra hommage à leur honnêteté....

L'Histoire impartiale racontera les gigantesques travaux de Gambetta, elle dira que ce jeune et puissant génie a quitté Paris en ballon et s'est efforcé de réveiller en province le courage, qui fait les hommes, et le patriotisme, qui fait les citoyens.

L'historien qui remuera toutes les fanges

de l'Empire pourra se reposer un instant sur les dévouements qui lui ont succédés.

Il tiendra compte à ses illustres citoyens d'avoir su maintenir l'ordre dans une ville de deux millions d'âmes, assiégée et affamée.

Il n'oubliera pas les voyages à Pétersbourg, à Vienne et à Londres accomplis par ce vieillard de 74 ans, qui s'appelle Thiers.

Nous venons de prononcer ce grand nom, nous allons essayer de décrire ce grand esprit.

Après cinq mois de souffrances héroïques, Paris venait de succomber. Jules Favre, dont on a peut-être méconnu le mérite, venait de signer un armistice avec le prussien vainqueur.

Le 8 février, les citoyens appelés dans les colléges électoraux, nommaient les membres de l'Assemblée Nationale qui devait siéger à Bordeaux.

M. Thiers, élu dans vingt-trois départements, semblait, par son passé politique, par son expérience, par son talent, s'imposer aux suffrages de ses collègues, comme il s'était imposé aux suffrages de ses électeurs.

Le 18 février, la Chambre lui conférait, à la presque unanimité de ses membres, le titre de Chef du Pouvoir exécutif de la République Française. M. Thiers accepta la tâche gigantesque de rétablir la paix, de faire renaître la confiance, de régénérer le pays!

III

Voici le discours prononcé par M. Thiers après le vote de l'Assemblée :

Messieurs,

Je dois, avant toutes choses, vous remercier, non pas du fardeau accablant dont vous venez de me charger, mais du témoignage de confiance que vous m'avez donné dans la journée d'avant-hier. Quoique effrayé de la tâche difficile, périlleuse et surtout douloureuse qui m'est imposée, je n'ai éprouvé qu'un sentiment, un seul, celui de l'obéissance immédiate, absolue, à la volonté du pays, qui doit être d'autant plus obéi, d'autant mieux servi, d'autant plus aimé, qu'il est plus malheureux.

Hélas! oui, il est malheureux plus qu'il ne le fut à aucune époque de son histoire si vaste, si accidentée, si glorieuse, où on le voit tant de fois précipité dans un abîme d'infortune, pour remonter tout à coup au faîte de la puissance et de la gloire (Très bien! très bien!), et ayant constamment la main dans tout ce qui a été fait de grand, de beau, d'utile à l'humanité! (Très bien! très bien!)

Il est malheureux, sans doute, mais il reste l'un des pays les plus grands, les plus puissants de la terre, toujours ferme, fier, inépuisable en ressources, toujours héroïque surtout : témoin cette longue résistance de **Paris** qui demeurera l'un des monuments de la constance et de l'énergie humaine! (Vive adhésion!)

Plein de confiance dans les puissantes facultés de notre chère patrie, je me rends sans hésitation, sans calcul, à la volonté nationale par vous exprimée, et me voici, à votre appel, à vos ordres, si je puis dire, prêt à vous obéir, avec une réserve toutefois, celle de vous résister si, entraînés par un sentiment généreux, mais irréfléchi, vous me demandiez ce que la sagesse politique condamnerait, comme je le fis, il y a huit mois, lorsque je me levai soudainement pour résister aux entraînements funestes qui devaient nous conduire à une guerre désastreuse. (Mouvement.)

Dans l'intérêt de l'unité d'action, vous m'avez laissé le choix de mes collègues ; je les ai choisis sans autre motif de préférence que l'estime publique universellement accordée à leur caractère, à la capacité ; et je les ai pris, non pas dans l'un des partis qui nous divisent, mais dans tous comme a fait le pays lui-même en vous donnant ses votes, et en faisant figurer souvent sur la même liste les personnages les plus divers, les plus opposés en apparence, mais unis par le patriotisme, les lumières, et la communauté des bonnes intentions. (Marques générales d'approbation.)

Permettez-moi de vous énumérer les noms, les attributions des collègues qui ont bien voulu me prêter leur concours :

M. Dufaure, ministre de la justice :

M. Jules Favre, ministre des affaires étrangères ;

M. Picard, ministre de l'intérieur ;

M. Jules Simon, ministre de l'instruction
publique ;

M. de Larcy, ministre des travaux publics;

M. Lambrecht, ministre du commerce ;

M. le général Le Flô, ministre de la guerre;

M. l'amiral Pothuau, ministre de la marine.

Dans cette énumération manque le nom du
ministre des finances. Le choix est déjà ar-
rêté dans la pensée du conseil, mais l'honorable membre auquel sera attribué ce département n'étant point encore à Bordeaux, je
n'ai pas cru devoir livrer son nom à la publi-
cité.

Vous avez remarqué sans doute que je ne
me suis chargé d'aucun département minis-
tériel, afin d'avoir plus de temps pour rame-
ner à une même pensée, entourer d'une même
vigilance toutes les parties du gouvernement
de la France.

Sans vous apporter aujourd'hui un pro-
gramme de gouvernement, ce qui est toujours
un peu vague, je me permettrai de vous pré-
senter quelques réflexions sur cette pensée

d'union qui me dirige, et de laquelle je voudrais faire sortir la reconstitution actuelle de notre pays.

Dans une société prospère, régulièrement constituée, cédant paisiblement, sans secousse au progrès des esprits, chaque parti représente un système politique, et les réunir tous dans une même administration, ce serait, en opposant des tendances contraires qui s'annuleraient réciproquement ou se combattraient, ce serait aboutir à l'inertie ou au conflit.

Mais, hélas! une société régulièrement constituée, cédant doucement au progrès des esprits, est-ce là notre situation présente?

La France, précipitée dans une guerre sans motif sérieux, sans préparation suffisante, a vu une moitié de son sol envahie, son armée détruite, sa belle organisation brisée, sa vieille et puissante unité compromise, ses finances ébranlées, la plus grande partie de ses enfants arrachés au travail pour aller mourir sur les champs de bataille, l'ordre profondément troublé par une subite apparition de l'anarchie, et, après la reddition forcée de Paris, la guerre suspendue pour quelques jours seulement, et prête à renaître si un gouvernement estimé de l'Europe, acceptant courageusement le pouvoir, prenant sur lui la responsabilité de négociations douloureuses, ne vient mettre un terme à d'effroyables calamités!

En présence d'un pareil état de choses, y a-t-il, peut-il y avoir deux politiques? Et, au contraire, n'y en a-t-il pas une seule, forcée, nécessaire, urgente, consistant à faire cesser le plus promptement possible les maux qui nous accablent?

Quelqu'un pourrait-il soutenir qu'il ne faut pas le plus tôt, le plus complètement possible faire cesser l'occupation étrangère, au moyen d'une paix courageusement débattue, et qui ne sera acceptée que si elle est honorable!

Débarrasser nos campagnes de l'ennemi qui les foule et les dévore; rappeler des prisons étrangères nos soldats, nos officiers, nos généraux; reconstituer avec eux une armée disciplinée et vaillante; rétablir l'ordre troublé; remplacer ensuite et sur-le-champ les administrateurs démissionnaires ou indignes; réformer par l'élection nos conseils généraux, nos conseils municipaux dissous (Très bien! très bien!); reconstituer ainsi notre administration désorganisée; faire cesser des dépenses ruineuses ; relever, sinon nos finances, ce qui ne saurait être l'œuvre d'un jour, du moins notre crédit, moyen unique de faire face à des engagements pressants ; renvoyer aux champs, aux ateliers, nos mobiles, nos mobilisés ; rouvrir les routes interceptées, relever les ponts détruits, faire renaître ainsi le travail partout suspendu, le travail qui peut seul procurer le moyen de vivre à nos ouvriers, à nos paysans !

Y a-t-il quelqu'un qui pourrait nous dire qu'il y a quelque chose de plus pressant que tout cela ? Et y aurait-il, par exemple, quelqu'un ici qui oserait discuter savamment des articles de Constitution, pendant que nos prisonniers expirent de misère dans des contrées lointaines ou pendant que nos populations mourantes de faim sont obligées de livrer aux soldats étrangers le dernier morceau de pain qui leur reste !

Non, non, messieurs ; pacifier, réorganiser, relever le crédit, ranimer le travail, voilà la seule politique possible et même concevable en ce moment. A celle-là, tout homme sensé, honnête, éclairé, quoiqu'il pense sur la monarchie ou sur la République, peut travailler utilement, dignement ; et n'y eût-il travaillé qu'un an, six mois, il pourra rentrer dans le sein de la patrie, le front haut, la conscience satisfaite.

Ah! sans doute, lorsque nous aurons rendu à notre pays les services pressants que je viens d'énumérer, quand nous aurons relevé du sol où il gît le noble blessé qu'on appelle la France, quand nous aurons fermé ses plaies, ranimé ses forces, nous le rendrons à lui-même, et, rétabli alors, ayant recouvré la liberté de ses esprits, il verra comment il veut vivre.

Quand cette œuvre de réparation sera terminée, et elle ne saurait être bien longue, le temps de discuter, de peser les théories de gouvernement sera venu ; et ce ne sera plus un temps dérobé au salut du pays. Déjà un peu éloignés des souffrances d'une révolution, nous aurons retrouvé notre sang-froid ; ayant opéré notre reconstitution sous le gouvernement de la République, nous pourrons prononcer en connaissance de cause sur nos destinées, et ce jugement sera prononcé, non par une minorité, mais par la majorité des citoyens, c'est-à-dire par la volonté nationale elle-même.

Telle est la seule politique possible, néces-

saire, adaptée aux circonstances douloureuses
où nous nous trouvons. C'est celle à laquelle
mes honorables collègues sont prêts à dévouer
leurs facultés éprouvées ; c'est celle à laquelle
pour ma part, malgré l'âge et les fatigues
d'une longue vie, je suis prêt à consacrer les
forces qui me restent, sans calcul, sans autre
ambition, je vous l'assure, que celle d'attirer
sur mes derniers jours les regrets de mes
concitoyens, et permettez-moi d'ajouter, sans
même être assuré, après le plus complet dé-
vouement, d'obtenir justice pour mes efforts.
Mais n'importe, devant le pays qui souffre,
qui périt, toute considération personnelle serait impardonnable.

Unissons-nous, messieurs, et disons-nous
bien qu'en nous montrant capables de con-
corde et de sagesse, nous obtiendrons l'estime
de l'Europe, avec son estime, son concours,
de plus le respect de l'ennemi lui-même, et
ce sera la plus grande force que vous puissiez
donner à vos négociateurs pour défendre les
intérêts de la France dans les graves négociations qui vont s'ouvrir.

Sachez donc renvoyer à un terme qui ne
saurait être bien éloigné les divergences de
principes qui nous ont divisés, qui nous di-

viseront peut-être encore ; mais n'y revenons que lorsque ces divergences, résultat, je le sais, de convictions sincères, ne seront plus un attentat contre l'existence et le salut du pays.

IV

Thiers (Louis-Adolphe) est né à Marseille le 16 avril 1797.

Allié par sa mère à André et Joseph Chenier, il dut à l'influence de sa famille l'obtention d'une bourse au lycée de Marseille.

En 1813, Thiers faisait sa seconde, et sous le professorat de Maillet Lacoste, apprenait à devenir un célèbre historien et un grand orateur.

En 1820, le futur ministre était avocat au barreau d'Aix, et abandonnait bientôt la procédure pour se livrer plus exclusivement à l'étude de l'histoire et de la philosophie ; dans la même année, il remportait un prix à l'Académie d'Aix avec *son éloge* de Vauvenargues.

Il comprit bien, dit M. Bosc, un de ses biographes, que la ville d'Aix ne pouvait suffire aux besoins de son intelligence et, en 1821, il vint se fixer à Paris.

Grâce à la protection de Manuel, il réussit à faire paraître dans le *Constitutionnel*, alors journal libéral, quelques fragments de son travail sur Vauvenargues.

Sa réputation commença.

En 1822, il publia une étude *sur la monarchie française*, et découvrit les qualités qui constituent l'homme d'État.

En 1823, Thiers prit une part très active à la rédaction des *Tablettes historiques* et réussit à fixer sa fortune jusqu'alors incertaine.

De 1823 à 1827, l'éminent et judicieux écrivain publia l'*Histoire de la Révolution Française*.

Cette histoire, composée de dix volumes, eut un immense succès ; ce fut, comme dit fort bien son biographe, un acte de vrai courage que d'oser faire, sous un descendant de Louis XVI, l'éloge de ces hommes qui avaient fait tomber des têtes royales.

M. Thiers, l'un des fondateurs de la royauté du 9 août, ne tarda pas à être nommé ministre d'État et secrétaire général au ministère des finances.

À la mort de Casimir Perrier, Thiers fut nommé ministre de l'intérieur, et décréta l'arrestation de la duchesse de Berry, afin d'étouffer la guerre civile dans ses germes menaçants.

Nous ne raconterons pas les immenses travaux qu'accomplit ce génie lumineux.

Paris lui doit les fortifications admirables que le canon prussien n'a pu ébranler ; la France lui doit des œuvres remarquables, et l'Europe salue en lui un de ses premiers hommes d'État.

M. Thiers appartient à l'Académie française depuis 1833.

En 1835, à la suite de l'attentat Fieschi,

l'ancien ministre fit voter les fameuses lois de septembre.

En 1845, il commença la publication du *Consulat et de l'Empire*, mais cet ouvrage, dû à de patientes études et à de longs et nombreux voyages, ne fut terminé qu'en 1862.

En 1848, M. Thiers contribua puissamment à l'agitation libérale, et reconquit d'un seul coup une immense popularité.

En juin 1848, il vota pour le général Cavaignac, et le 10 décembre pour la présidence de Bonaparte.

Le 2 décembre 1851, M. Thiers était jeté à Mazas puis éloigné du territoire Français.

Huit mois plus tard, il rentrait à Paris comme simple citoyen et s'écartait de la scène politique, pour s'occuper avec fruit de ses immortels travaux.

En 1863, la deuxième circonscription de la Seine appelait M. Thiers à l'Assemblée législative.

 L'éminent homme d'État, dont nous

n'avons pas la prétention de raconter la longue carrière, a inspiré à M. de Cornemin le portrait suivant.

« M. Thiers a un front large et intelligent, des yeux vifs, un sourire fin et spirituel.

» A la tribune, le marbre lui va à l'épaule, et le dérobe presque à son auditoire ; mais dès qu'il s'est emparé de cette tribune, il s'y établit si à l'aise, il relève si bien la tête, il se dresse si haut sur la pointe des pieds, qu'il domine toute l'Assemblée...

» C'est une sorte de talent à part, qui ne ressemble ni de près ni de loin à celui de personne. Ce n'est pas, si vous voulez, de l'oraison, c'est de la causerie, mais de la causerie vive, brillante, légère, volubile, animée, semée de traits historiques, d'anecdotes et de réflexions fines, et tout cela est dit, coupé, brisé, lié, délié, recousu avec une dextérité de langage incomparable. La pensée vient si vite dans cette tête-là, si vite qu'on dirait qu'elle est enfantée avant d'avoir été conçue ; son verbe vole comme l'aile de l'oiseau-mouche et vous perce si rapidement qu'on se sent blessé sans savoir d'où le trait part. Il y aurait dans ses discours mille contradictions à relever, mais il ne vous en laisse ni la place ni le temps. Vous ne le trouverez jamais en défaut sur rien : Aussi fécond, aussi rapide dans la défense que dans l'attaque, dans la réplique que dans l'exposition. J'ignore si sa réponse est toujours la plus solide, mais je sais qu'elle est toujours la plus spécieuse.

» Il s'arrête quelquefois tout à coup pour riposter aux interrupteurs, et il décoche son trait avec une prestance d'à-propos qui les étourdit.

» M. Thiers est en état de discourir trois heures durant sur l'architecture, la poésie, le droit, la marine, la stratégie, quoiqu'il ne soit ni poète, ni architecte, ni jurisconsulte, ni marin, ni militaire, pourvu qu'on lui donne une après-midi de préparation. Il est à tout, il est prêt sur tout. Il ne parle pas comme les autres orateurs, parce qu'il parle comme tout le monde ; les autres orateurs pérorent, mais lui cause. Et le moyen d'être en garde contre un homme qui cause comme vous et moi, mieux que vous, que moi, que personne ?

» Il précipite sa phrase avec tant de volubilité, que l'intelligence de la Chambre ne peut ni le précéder ni même le suivre. A ce point de vue son défaut est une qualité, et il est plus habile qu'il ne veux l'être. »

V

M. Thiers, Chef du Pouvoir exécutif, tient dans ses mains le sort de notre jeune République.

Qu'il affermisse ses institutions et le règne de la justice est établi dans notre grande et malheureuse patrie.

Nous devons notre concours le plus étendu à ce généreux vieillard.

Peuple Français, maintenant que l'heure de la délivrance est venue, il faut que tu sois un peuple viril ;

Il te faut une éducation mâle et solide, il faut que tu connaisses tes droits et tes devoirs ;

Il faut que tu comprennes les pratiques de la liberté, que tu saches bien que les hommes ne doivent pas s'incliner humblement devant un homme, et que ton existence ne soit plus le jouet d'un potentat ambitieux.

Peuple des villes, tu dois instruire le peuple des campagnes, et pour que tes enseignements soient profitables, tu dois t'efforcer d'y apporter du calme et de la modération ; n'oublies pas que le jour où liberté signifie licence, elle perd son prestige et son autorité.

Un peuple libre doit avoir des mœurs douces et austères. Être républicain, cela veut dire être honnête, être charitable et bienveillant.

Le gouvernement du peuple par le peuple doit être l'expression la plus fidèle de la devise : Liberté, Égalité, Fraternité. Si les villes veulent instruire les campagnes, si des comités se forment pour répandre partout l'évangile républicain, nous serons délivrés à tout jamais de ces pilleurs de peuples qu'on appelle des rois. La prospérité renaîtra, les populations redeviendront fortes et viriles, l'ère des combats sera close et fera place à l'ère du véritable progrès.

C'est pour cela, républicains, que nous avons une grande tâche à accomplir.

Nous devons faire aimer la liberté, répandre la lumière à profusion, et multiplier les écoles publiques, afin que des hommes nouveaux puissent continuer notre œuvre civilisatrice.

On a égaré l'esprit des habitants des campagnes, on leur a désigné quelques-uns de ces maladroits qui s'introduisent dans tous les partis et on leur a crié :

« Les voici ces républicains austères, qui ne connaissent ni morale ni religion, qui agitent la terreur et le drapeau rouge... Ces gens-là voudront vous imposer leurs lois... les salles publiques retentissent de leurs cris furibonds, de leurs projets extravagants ; ce sont les partageux... ce sont les ennemis de la France ! »

Quelques hommes ne sont pas un parti. — Les républicains comprennent mieux la sainteté de leur mission, ils ne sauraient être la force s'ils ne sont le droit. Ils sont les protecteurs des petits et des grands, des faibles et des forts, ils aiment la justice, parce que pour être vraiment juste il faut être vraiment libre !

Voici ce que nous devons apprendre aux laborieux travailleurs de nos campagnes ; et comme il faut toujours prêcher d'exemple, c'est à force de modération, de douceur et de dignité que nous réussirons à faire des hommes libres.

Malgré les ruines de notre pays, nous apercevons un horizon rayonnant.

Nous voyons la France républicaine redevenir puissante et forte, et nous saluons dans l'avenir le drapeau de l'émancipation humaine, le drapeau de la liberté, qui flottera sur toutes les capitales de l'Europe.

Mars 1871.

FIN

Bordeaux. — Imprimerie CHAYNES, rue Leberthon, 7.